CATALOGUE

DES

AQUARELLES

PAR

Eugène FLANDIN

SUJETS COSMOPOLITES

PRIS EN

France, Italie, Grèce, Algérie

Turquie d'Europe et d'Asie, Syrie, Khurdistan

Mésopotamie, Perse, etc.

VENTE

HOTEL DROUOT, SALLE N° 7,

Le Vendredi 29 Février 1884,

À deux heures.

COMMISSAIRE-PRISEUR	EXPERT
Mᵉ PAUL CHEVALLIER	M. DURAND-RUEL
10, rue de la Grange-Batelière, 10.	1, rue de la Paix, 1.

Chez lesquels se trouve le présent Catalogue.

EXPOSITION PUBLIQUE

Le Jeudi 28 Février 1884, de 1 heure à 5 heures.

CONDITIONS DE LA VENTE

La vente sera faite au comptant.

Les acquéreurs payeront cinq pour cent en sus des enchères.

Paris. — Typ. PILLET et DUMOULIN, 5, rue des Grands-Augustins

1884 février 29

VENTE DU VENDREDI 29 FÉVRIER 1884

HOTEL DROUOT, SALLE N° 7

AQUARELLES

PAR

Eugène FLANDIN

SUJETS COSMOPOLITES

EXPOSITION PUBLIQUE

LE JEUDI 28 FÉVRIER 1884

De 1 heure à 5 heures.

COMMISSAIRE-PRISEUR	EXPERT
Mᵉ PAUL CHEVALLIER	**M. DURAND-RUEL**
10. rue de la Grange-Batelière, 10	1, rue de la Paix, 1

IMPRIMERIE PILLET ET DUMOULIN
RUE DES GRANDS-AUGUSTINS, 5, A PARIS.

DÉSIGNATION

FRANCE

1 — Maison du poète Rapin, à Tours.

2 — Boutique du xve siècle, à Chinon.

3 — Manoir Ango, près Dieppe.

VENISE

4 — Palais ducal. — Coucher de la lune.

5 — Pont des Soupirs.

6 — Entrée du grand canal, le matin.

7 — Église Saint-Marc.

8 — Chapelle de Saint-Marc.

9 — Baptistère de Saint-Marc.

ATHÈNES

ALGER

CONSTANTINOPLE

21 — Mosquée du Sultan Mahmoud, à Top-hana, le matin.

22 — Hommes du peuple.

23 — Mosquée de la sultane Validé.

24 — Fontaine à Galata.

25 — Porte latérale de la mosquée de Soliman.

26 — Derviches.

27 — Mosquée de sainte Sophie — l'Hippodrome.

28 — Femmes musulmanes et chrétiennes.

29 — Mosquée Châh-Zâdéh.

30 — Palais de la sultane Hezmèh, à Eyoub.

31 — Mosquée du sultan Sélim, à Scutari, côte d'Asie sur le Bosphore.

•

RHODES

32 — Rue des Chevaliers.

—

SYRIE

KHURDISTAN

BAGDAD

PERSE

60 — Kiosque dans un jardin du palais du Châh, à Ispahân.

61 — Vue des ruines de Persépolis, au soleil couchant.

62 — Guêbres ou Parsis, adorateurs du feu, en prière au soleil couchant.

Essais de restaurations de bas-reliefs, provenant des fouilles faites par l'auteur, à Ninive, envoyé en mission en 1844.

63 — Musiciens.

64 — Un Chef combattant.

65 — Le Roi combattant.

66 — Même sujet.

67 — Le Roi pardonnant aux vaincus.

68 — Une des façades du Palais retrouvé.

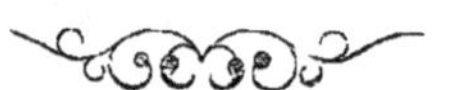